乙女のモテ小顔レッスン

歯科医師
関 有美子

はじめまして、関 有美子です。

「鏡に映っている顔は、私の本当の顔？」

その答えはノーです。顔はたくさんの筋肉や脂肪からできていて、それがしっかりと整備され正しく使われていることはめったにありません。大抵は使い慣れたものを使い、顔にクセやゆがみが出ています。そこで、普段使っていない部分を使うことで〝本当の顔〟を取り戻すのが、この小顔レッスン「舌《タン》トレ」です。

このレッスンを考えたのは、私自身に顔のコンプレックスがあったから。自分の顔すべてが嫌で、大学生になるまで恋愛もメイクもしていませんでした。それが変わるきっかけになったのは、大学で学んだ顔面の解剖。顔の変化は筋肉の違いだと気づき、エステで働き、自分の顔を実験台にして独自の小顔メソッドを作っていきました。続けるにつれ輪郭は卵形になり、目元も鼻もスッキリし、自分でも驚くほど顔の印象が変わったのです。前より自分に自信を持てるようになり、気づけば恋愛を楽しめるようになっていました。小顔は「モテ」の第一歩だとも実感しました。

ここまで変われたのは、過去のコンプレックスが原動力になっているから。悩みを抱えている人ほど、キレイになれると私は信じています。メイクで変われる美しさには限界があります。「舌《タン》トレ」で顔の土台を作る基礎工事を行なえば、新しい顔を自らの手で作り出すことができます。

この本を通じて、一人でも多くの女子が小顔美人になって、さらに自信を持つことができますように。

LESSON 1

トレーニングを始める前に、
どうして自分の顔が大きく見えてしまうのか、
その原因を解き明かしていきましょう。
そして「舌《タン》トレ」がなぜ小顔になるために効果的なのか、
その理由と仕組みを解説します！

LESSON 1

「舌《タン》トレ」とは?

日本女子の総小顔化を目指します！

自力で整形級の変化を！

新しい小顔メソッド「舌《タン》トレ」とは？

人によって、顔が大きくなる要因はさまざま。むくんで顔が丸く見える、筋肉が発達しすぎてエラが目立つ、贅肉《ぜいにく》がついて顔の輪郭がぼんやり……。こうなってしまう原因は一つではありません。例えば贅肉がつく理由でも、むくみがちな人は、老廃物がたまりやすいからつきやすい、ボソボソと話すクセがある人は、筋肉が弛緩《しかん》してしまうからつきやすい――など、生まれ持った体質や悪い習慣などいろいろな原因が影響し合っています。

このように、**あらゆる原因で大きくなってしまった顔を、私は「顔メタボ」と呼んでいます。**「メタボ」とは、現代社会で問題になっているメタボリックシンドロームの略で、それを顔にも当てはめてみました。特に顔は筋肉のミルフィーユになっているため、筋肉の間に脂肪がつきやすいのです。**私は「顔メタボ」を、「頬メタボ」「あごメタボ」「首メタボ」の三つに分けています。**顔の悩みとしてよく挙げられる二重あご、たるみやむくみ、贅肉などは、すべて顔メタボとなって現れたもの。よって、表情筋を鍛えたり、どれか一つに特化したケアを行なっても、顔メタボを解消することはできません。小顔になるためには、ホリスティックケア＝トータルなケアが必要となるのです。

さらに大事なのはリバウンドをせず、小顔をキープし続けること。そこで注目したのが、深層筋＝インナーマッスルの強化です。**長年**

の試行錯誤の後、私が最終的に辿《たど》り着いた小顔法が「舌《タン》トレ」。これは、顔筋ストレッチと舌骨筋《ぜっこつきん》トレーニングを合わせた、オリジナルのメソッドです。後で詳しく述べますが、顔筋ストレッチとは、表面の筋肉「表層筋」を鍛えるストレッチのこと。舌骨筋トレーニングとは、人間の身体で唯一つながっていない骨「舌骨」を支えている筋肉、つまり深層筋《インナーマッスル》を鍛えることです。この二つを同時に行なうことで、小顔作りを可能にし、また顔が大きくなるのを防ぐ効果を生み出します。表層筋を鍛える小顔メソッドは多々ありますが、インナーマッスルも同時に鍛えるという方法を試されている方は、まだ少ないのではないでしょうか？

「舌《タン》トレ」の主な仕組みは、水分の流れを正して老廃物を流し、表層筋とインナーマッスルを鍛え、脂肪をつぶして首から下に流すこと。このトータルケアを長期間続けることで、リバウンド知らずの小顔に近づきます！

「舌《タン》トレ」が小顔になる理由

Reason 1　むくみや余分な脂肪がつきにくい顔になる！

血流を正しながら筋肉を鍛えるので、むくみや脂肪がつきにくく、顔が大きくなるのを防ぐ！

Reason 2　表層筋と深層筋へのダブルアプローチで顔メタボを解消！

両方の筋肉を鍛えることで、筋肉の間にある脂肪を流し、顔メタボを解消してほっそり小顔に！

Reason 3　リバウンドせずに小顔を維持できる！

生活習慣を変えて顔の芯（インナーマッスル）を鍛えることで、顔のクセを解消し、リバウンドを防ぐ！

今までの小顔メソッドとはちょっと違う！

「舌《タン》トレ」を編み出した理由

私は幼い頃から、顔にコンプレックスがありました。横幅が広く、笑うと頬の肉が盛り上がってしまうタイプで、鏡を見るたびにどうにかならないものかと悩んでいました。ダイエットをして身体は痩せても、顔だけは変わらず、盛り上がる頬を気にして笑うことまでも苦痛に感じていました。

それが変わるきっかけになったのは、大学で学び始めた解剖学とひょんなことから始めた読者モデル。読モとして撮影に呼ばれるたび、顔の印象が変わっていったんです。体重は変わらないのに、顔がキュッと引き締まりました。見られる刺激で顔は変わるのかもしれないと思ったのが、私のターニングポイントの一つです。

また、歯科大生時代は授業で筋肉や骨の仕

組みを徹底的に学び、さまざまな顔のタイプがあることも知りました。**特に解剖の授業を通して、顔は生まれ持ったものもあるけれど、生活習慣の影響も多大に受けていると実感したのです。**研修医時代は、美容オタクが高じてエステティシャンの資格を取り、サロンでお客様に施術もしていました。**実際に人の顔に触れ、マッサージをすることで顔の形は確実に変わるということも分かりました。**

「舌《タン》トレ」は、歯科医として学んだ知識と、エステティシャンで身につけた経験から生まれたものです。自分の顔を実験台にして、試行錯誤を繰り返し、本当に効果があるものだけをまとめました。これまでの小顔テクに多かった、むくみや贅肉を落とすことだけが目的ではありません。顔の芯《インナーマッスル》を鍛えることで、太ってしまっても顔の印象は変わらない、そういう効果が期待できるのです。また、「舌《タン》トレ」は、場所もとらず、時間もかからず、道具も一切必要ありません。使うのは自分の手だけ。続けるだけで、自力で整形級の変化をもたらすことができるのです！

読者モデル

サロンモデルを経て、読者モデルデビュー。美容系の企画に呼ばれることが多かったです。

エステティシャン

資格を取得し某エステ店に勤務。研修医とのWワークで、日々休みなく働いてました。

歯科医師

現役歯科医師としてクリニックに勤務しながら、クイズ番組を中心にテレビのバラエティ番組に出演。

自分の顔は大きい？　小さい？

理想のバランスと平均の大きさ

ピラミッドやミロのヴィーナス、トランプでも使われている「黄金比」という比率があります。これは、横が1に対して縦が1・618のサイズで、最も美しいバランスと言われています。顔にもこれが当てはまり、**小顔とされている理想のサイズは縦が約19cm、横が約15cmです。**

また、私が調べてみたところ日本人の顔の平均は、顔の長さが18～23cm、横幅が14～16cm。またパーツ別だと、目の横幅と小鼻の横幅が約3cm。よって、例えば目の横幅が3cm以上だと、人は「目が大きいな」と感じやすいということです。

モチベーションアップのためにも、さっそく、定規を使って、自分の顔やパーツの長さを測ってみましょう！

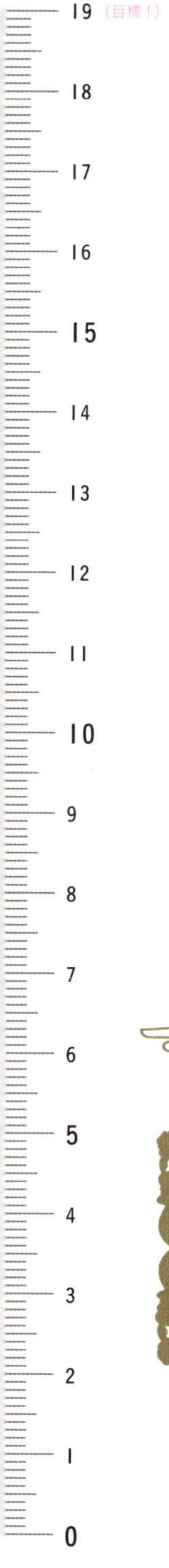

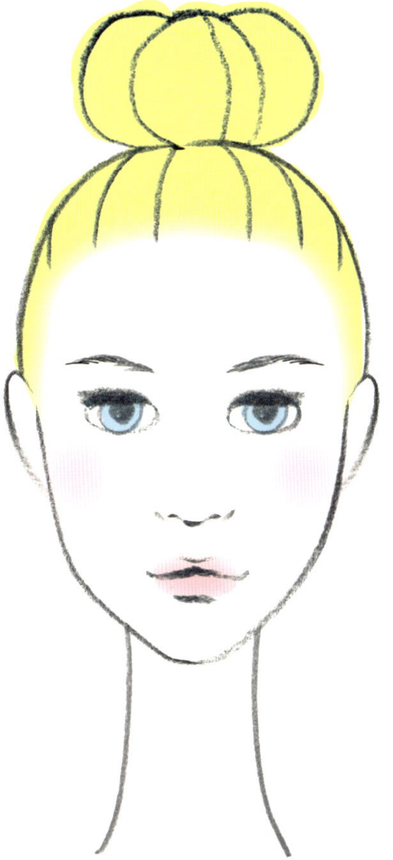

まずは自分の顔と向き合おう！

顔の長さを測りましょう　写真を撮ってバランスを見ましょう

理想のバランス

・顔の横幅が1に対し縦幅は1.618
・縦の長さが約19㎝で、横の長さが約15㎝
・髪の生え際から眉間、眉間から鼻下、鼻下からあご下までがすべて同じ長さ
・目の横幅は約3㎝
・目の横幅の約5倍分が顔の横幅
・横から見たとき、鼻とあごを結ぶライン内に唇が収まる

タイプ別あなたの小顔術

あなたは何フェイス？

小顔になりたいからと言って、なんとなくエクササイズやマッサージをしても意味がありません。「舌《タン》トレ」を実践する前に、まずは自分の顔がどんなタイプなのかを知ることからスタートしましょう。生まれ持った自分の顔のタイプを正しく把握し、それに合ったエクササイズをすることが、小顔への近道となるのです。

忙しくて時間がない日でも、各タイプ別に対策として挙げている三つの「舌《タン》トレ」を最低限続けて行ないましょう。それだけでも、顔は変わっていきます。どの「舌《タン》トレ」も慣れれば3分でできるようになるでしょう。

早速、次のページに挙げた項目をチェックしてみましょう！

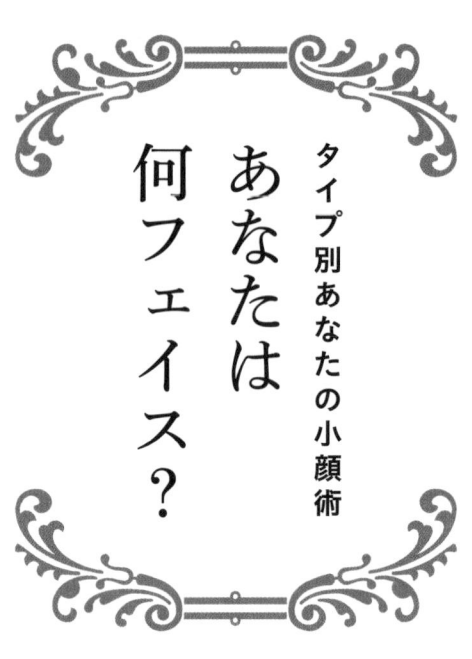

Check List

タイプ別小顔メソッド診断

下に挙げた項目をチェックして、一番多かったものが、あなたの生まれ持った顔のタイプになります。
鏡を片手に、早速チェックしてみましょう!

A

- □ 朝と夜で顔の印象が違う
- □ 生理前になるとむくみやすい
- □ アルコールが好き
- □ インスタント食品が好き
- □ 顔にシーツの跡がつきやすい
- □ 首を回すとボキボキと音が鳴る
- □ 同じ姿勢でいることが多い
- □ 猫背である

B

- □ 親が同じ輪郭である
- □ 噛み締めるとエラが大きくなる
- □ するめなどの堅い食べ物が好き
- □ 意識していないときに上下の奥歯が触れる
- □ 上を向いてあごを下から見ると角張っている
- □ エラ付近が硬い
- □ あごのラインに骨の段差がある
- □ 片側ばかりでものを噛むクセがある

C

- □ 昔太っていたことがある
- □ 今の体重が平均以上に重い
- □ 朝も夜も変わらず丸顔である
- □ 年齢と共にたるみが目立ってきた
- □ 太ると口の中をよく噛むようになる
- □ 目の下のたるみ、クマが目立つ
- □ 口角に影ができやすい
- □ 美人より可愛いといわれることが多い

A 合計 □ 個　B 合計 □ 個　C 合計 □ 個

← 一番チェックが多いのは? 次の頁に結果があります!

生まれ持った自分の顔のタイプを知ろう！

チェックが多かったものが、あなたの生まれ持った顔のタイプになります。
自分の顔は一体どんなタイプなのか、小顔になるためにはどんな対策が最も必要なのかを、ここで確認しましょう。

A が一番多かった人　むくみフェイス

水分の排泄がスムーズにいかずたまりやすいタイプ

血流が悪く、余分な水分が顔に滞りやすいタイプ。よって、クマが現れやすく肌荒れも多くなり、不健康な印象を与えます。また、手先が冷たいのも特徴。しかし、他の二つのタイプに比べて、即効性が出やすいです。現代の女性によくみられます。

対策

エラすっきりマッサージ ➡ p.44
老廃物スライドマッサージ ➡ p.70
血流促進ストレッチ ➡ p.88

B が一番多かった人　マッスルフェイス

顔全体の印象が
たくましいタイプ

筋肉が張りやすいタイプ。輪郭は遺伝によるものが大きく、もともと発達しやすい筋肉を持っている傾向があります。トレーニングと同時に、筋肉のコリをほぐすストレッチが必要。間違ったトレーニングを続けてしまうとさらにたくましい印象に。

対策

「ほ」の字の口トレーニング ➡ p.40
風船エクササイズ ➡ p.56
舌のタッピングトレーニング ➡ p.72

C が一番多かった人　脂肪フェイス

太ると顔に出やすく
健康的でプリプリとしたタイプ

小さい頃ぽっちゃりしていた人は、このタイプの傾向があります。今痩せていても、以前太ったことがある人は要注意。もともとある脂肪細胞の数は減らすことができないので、つぶして押し出すことが大切。刺激を与えるエクササイズが最も効果的。

対策

脂肪プッシュマッサージ ➡ p.42
「えこ」エクササイズ ➡ p.54
舌のプッシュ&プルトレーニング ➡ p.74

さらに！

こんな生活や習慣があなたの顔を大きくしています！

顔が大きくなってしまう原因は、日々の生活習慣の中にもあります。**一つ目は血流が悪くなる生活をしている人。**姿勢が悪い、デスクワークが多く運動量が少ない、お風呂よりもシャワーですませてしまう人などは血流が悪く、老廃物が詰まりやすい傾向に。この詰まりが顔メタボを引き起こす要因となります。

二つ目は、噛みしめグセがある人。何もしていないときに上下の奥歯が当たっている人は、

毎日のクセが重なって…

- ✔ デスクワークが多く姿勢が悪い
- ✔ ほとんど運動をしない
- ✔ 湯船に入らずシャワーですませている

噛みしめグセがあり、咬筋《こうきん》（エラの筋肉）を常に使っている状態。咬筋肥大を引き起こし、エラが張る原因になります。エラの筋肉が張ってしまうと、頬骨も張り、大きな顔になる原因となるのです。意識して噛みしめないようにしましょう。

三つ目は、自分の顔を鏡であまり見ない人やインドア派の人。見られていると意識すれば人は顔の筋肉を使いますが、誰にも見られない生活を送ると、顔の筋肉は無意識に弛緩し、脂肪がつきやすくなってしまうのです。他にも、よく噛まずにご飯を食べる人は咀嚼《そしゃく》筋《きん》を使わないため、低い声でボソボソと話す人は舌骨筋を使わないため、共に筋肉が弛緩してしまい顔が大きくなる原因に。

　これらの生活習慣がそのままだと、いくら「舌《タン》トレ」を行なっても意味がありません。日々の悪い習慣を見直し、改善することが小顔への第一歩となります！

- ✓ 気づくと上下の奥歯が触れている
- ✓ 鏡を見る習慣がほとんどない
- ✓ ご飯をあまり噛まずに食べてしまう
- ✓ 低い声でボソボソ話しがち

ますます顔が大きくなる！

だからすごい！「舌《タン》トレ」の小顔効果！

前に述べたように、「舌《タン》トレ」は、私のエステティシャン時代の経験と、歯科医師として学んだ知識から生まれました。表層筋と深層筋に着目した、顔筋ストレッチと舌骨筋トレーニングを組み合わせたメソッドを続けることで、小顔作りが可能となるのです。

血流を促進させて老廃物の流れを促し、筋肉を鍛えて、脂肪をつぶして流す。このよう

つまり…

Point *1*

水分の流れを正しくしてむくみを取る

Point *2*

血流を促進して老廃物を流しやすくする

Point *3*

表層筋と共にインナーマッスルを強化する

に、顔メタボに総合的にアプローチすれば、むくみタイプやマッスルタイプ、脂肪タイプという生まれ持った顔の傾向はもちろん、日々の習慣で大きくなってしまった顔にも有効なのです！　また、「頬メタボ」によるブルドッグのようなほうれい線＆たるみ、「あごメタボ」によるウサギのようなタプタプした二重あご、「首メタボ」によるトカゲの首のようなしわしわなデコルテ、といった悩み別の「舌《タン》トレ」メニューもご用意。

「舌《タン》トレ」は、その場限りの小顔ケアではありません。トータルでケアすることで、リバウンドなしの小顔を手に入れることができます。続けることで、脂肪がつきにくくむくみにくい顔になるのです。自分の努力次第で、顔の輪郭は変えることができます。早速、本書を見ながら、トレーニングを始めましょう！

Point 4

筋肉と筋肉の間にある脂肪をつぶして流す

Point 5

余分な水分や脂肪がたまりにくい顔になる

小顔

になると
いいことたくさん！

小顔の最大のメリットは、目や鼻などのパーツを際立たせることができるということ。今まで、目が小さいことがコンプレックスだった人は、ぜひ発想を変えて「顔が大きいから目が小さく見えたのではないか……」と、一度鏡と向き合ってみてください。

顔というのはフレームのようなもので、大事なのは外《フレーム》と中《パーツ》のバランスです。フレームが小さくなれば、当然パーツは際立ち、見え方も変わってきます。顔が小さくなれば、目はしっかり開き、パッチリと大きな印象に。ぼんやりしていた二重のラインもはっきりしてきます。鼻周りのお肉がすっきりすれば、鼻が高く見える効果だってあります。同様に口周りのお肉が減れば、口角がキュッと上がって見えます。

また、今すぐに始めれば将来の自分の顔への自信につながります。顔の血流が良くなることで、シミやしわ、くすみやクマ、たるみなどもできにくくなり、アンチエイジングの効果も期待できるのです。そうすると、さらに表情が豊かになり、顔だけでなく心までヘルシーになるのではないでしょうか。

もちろん、顔が小さくなると身体全体も痩せて見えるといううれしい効果もあります。

小顔になると、このようにいいことばかり。やらない理由なんてありませんよね？　さあ、早速「舌《タン》トレ」を始めましょう！

COLUMN 1

小顔美人になる言葉

絵：関 有美子

英語に比べて日本語は、舌をあまり動かさず口周りの筋肉を使わなくても発音できてしまう言語です。現に日本語を話す舌に慣れている私たちにとって、英語の発音は難しいはず。この発音練習で今まで使わなかった筋肉に刺激を与えましょう。日常会話でも顔面の筋肉を使って会話すると、小顔につながります。鏡を見ながら、さあ始めましょう！

基本 「あいうえお表情筋」

口の大きさは「あ→お→う→え→い」の順に小さくなっていきます。

口を横に広げる、このとき、頬がリフトアップされて少し笑い目になるのが理想。

舌は宙に浮いた状態、口も開けすぎず、口角を少し上げ気味でほほ笑んで発音。

上唇の筋肉を緊張させます。ほうれい線を広げるイメージで行ないましょう！

下唇の左右が緊張するように。舌の形は平たくなるのが正しいです。

口をしっかりととがらせましょう。口唇が緊張するように心掛けてください。

Point まずは母音を発声したときの表情に変なクセがないか、鏡を見ながら確認しましょう。特に「う」や「え」は口角を下げるクセがある人が多いので気をつけて。

Lesson1 「舌巻きタングトリル運動」

舌を自在に動かそう!

「タングトリル」とは、巻き舌のことです。「とぅるるるる」と舌を震えさせるものです。
舌を動かすことが上手な人とそうでない人がいますが、練習すればできるようになるとも言われています。

できる人 ➡ 5～10秒続けてできるように

できない人 ➡
①"るあ"を10回言う
②"とぅるあ"を10回言う
③"とぅるるるる"を10回言う
を繰り返します。

★これらを繰り返すうちに舌が上あごにつく感覚が分かり、筋肉が発達します。

Point タングトリルができるようになったら、"らりるれろ"をタングトリルでスタート! "とぅるら、とぅるり、とぅるる、とぅるれ、とぅるろ"と発音してみましょう。

Lesson2 「早口言葉運動」

早口言葉は、小顔に効果的。はっきりと発音しながら早く話そうとすると、顔全体の筋肉がすばやく動こうとします。口周りだけでボソボソ話すのではなく、顔の筋肉を使って話すことを意識しましょう。そのような動きが日常になっている女性アナウンサーは、小顔であることが多いです。早口言葉は滑舌だけでなく、小顔も手に入れることができる一石二鳥の運動です。

易 ↕ 難

- **生麦生米生卵**（なまむぎなまごめなまたまご）
- **かえるぴょこぴょこ3**（み）**ぴょこぴょこ　あわせてぴょこぴょこ6**（む）**ぴょこぴょこ**
- **ブスバスガイド、バスガス爆発**（ぶすばすがいど、ばすがすばくはつ）
- **竹藪に竹立てかけたのは、竹立てかけたかったから、竹立てかけた**
（たけやぶにたけたてかけたのは、たけたてかけたかったから、たけたてかけた）
- **骨粗鬆症訴訟勝訴**（こつそしょうしょうそしょうしょうそ）
- **お綾や、親にお謝り。お綾や、八百屋にお謝りとお言い**
（おあやや、おやにおあやまり。おあやや、やおやにおあやまりとおいい）

Point 唇や舌の筋肉は年齢と共に老化していきます。楽しく友達と早口言葉を競うことで、口周りの若さを保ちましょう!

なぜ顔は大きくなってしまうのか、
そして小顔になるための基礎知識を学んだら、
次はいよいよ「舌《タン》トレ」の実践編。
ここで紹介する基本テクニックをマスターすれば、
どんな顔のタイプにも効果てきめん！

LESSON 2

「舌《タン》トレ」基本のキ

構想6年！ やっと辿り着いた
小顔になるための近道

「舌《タン》トレ」のキーワードは〝舌《ぜっ》骨《こつ》筋《きん》〟！

顔には約30個の細い筋肉があり、その筋肉が折り重なってミルフィーユのような状態になっています。筋肉の隙間は脂肪がつきやすくなっていて、その脂肪が大きく育つと「顔メタボ」になってしまいます。よって、表層筋だけを強化して、表面だけの脂肪にアプローチしても一時的な効果しか得られません。深層筋も同時に鍛えなければ、脂肪が少しずつついて、リバウンドを引き起こしてしまうのです。

そこで私が注目したのが「舌骨《ぜっこつ》」です。舌骨というのは、人の身体の中で唯一つながっていない骨のことです。舌骨はさまざまな筋肉に、ハンモックのように支えられています。**この舌骨を支えている筋肉を総称して「舌骨筋《ぜっこつきん》」と呼びます。舌骨筋は、顔の奥にあり、深層筋＝インナーマッスルといえます。**

舌骨筋を鍛えれば、筋肉と筋肉の間にある脂肪がつきにくくなります。長期的に続けることで、脂肪が流れやすい顔になり、リバウンドを防げます。また、血行も促進されるので、老廃物がキレイに流れ、むくみやたるみ、ゆがみを防ぐ効果もあります。

舌骨筋を鍛えると、小顔＋αのうれしい効果が期待できるのです。早速左の図を参考にして、舌骨筋を動かしてみましょう。

舌骨筋を解剖学的に見ると

舌骨筋を動かしてみよう！

1. 手でのどをそっとつかむ
2. お水を一口飲む
3. 低い声を出す（動かない）
4. 高い声を出す（動く）
5. 舌を上の前歯の裏につける

このときに動く感覚の筋肉が

舌骨筋

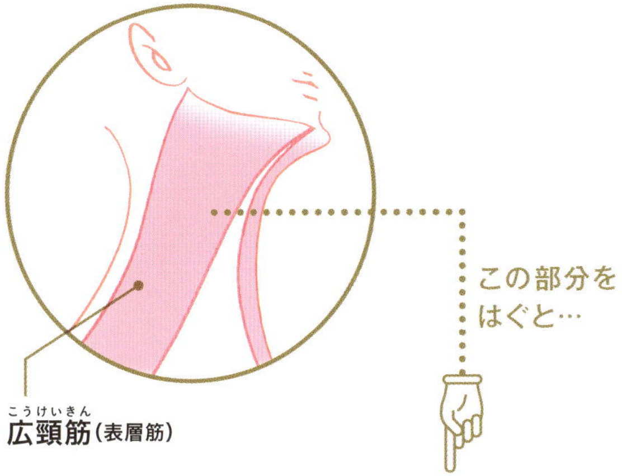

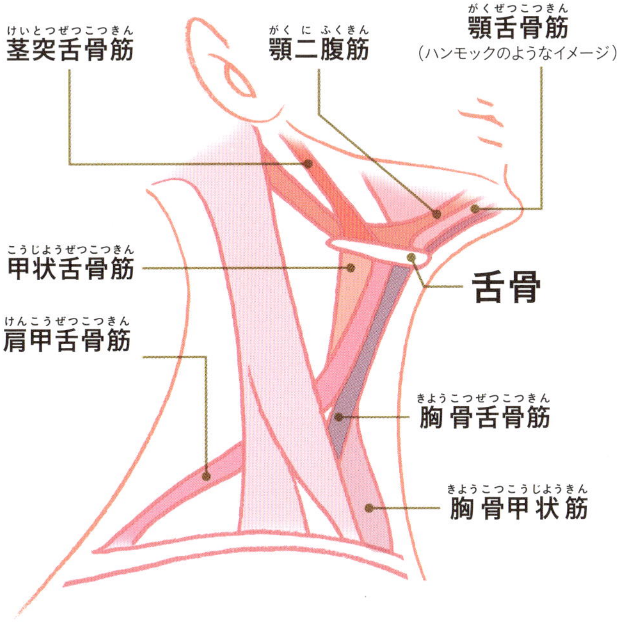

舌骨は体内で唯一の浮遊骨で形はU字形、あごから首にかけての筋肉をつなぐ架け橋をしていて、主にこれらの筋肉によって支えられています。

表層筋も動かして余分なものをスッキリ流す！

深層筋を鍛えることの重要性を前ページでも説明しましたが、それだけでは筋肉はきちんと育ちません。老廃物を排出して血流を促進し、筋肉に栄養を与える必要があります。そのためには、深層筋と同時に表層筋（顔の表面にある筋肉）の強化も必要となります。

表層筋をあまり使わないと、リンパの流れが滞り、老廃物がたまってむくみを引き起こし、贅肉もつきやすくなります。また、血流も悪くなり、吹き出物やしわ、たるみといった、肌トラブルの原因にもなります。

これらを解消するためには、表層筋を鍛えて、リンパの流れを良くすることが必要です。

リンパの流れが良くなれば、余分な老廃物がキレイに排出され、むくみが解消します。また、血流が良くなるので、筋肉にきちんと栄養を届けることができます。**表層筋と深層筋の両方の筋肉を鍛えることができれば、サンドイッチ効果で筋肉の間にある脂肪が老廃物と共に流れやすくなり、スッキリした小顔になるのです。**

「舌《タン》トレ」は、表層筋と深層筋のダブルの強化を目的としたメソッドです。「顔筋ストレッチ」と「舌骨筋トレーニング」の二つを同時に行なえる本書のメソッドを実践して、リバウンドしない小顔を手に入れましょう。

「舌《タン》トレ」をまとめると

顔筋
ストレッチ

outer muscle
表層筋の強化

＋

舌骨筋
トレーニング

inner muscle
深層筋の強化

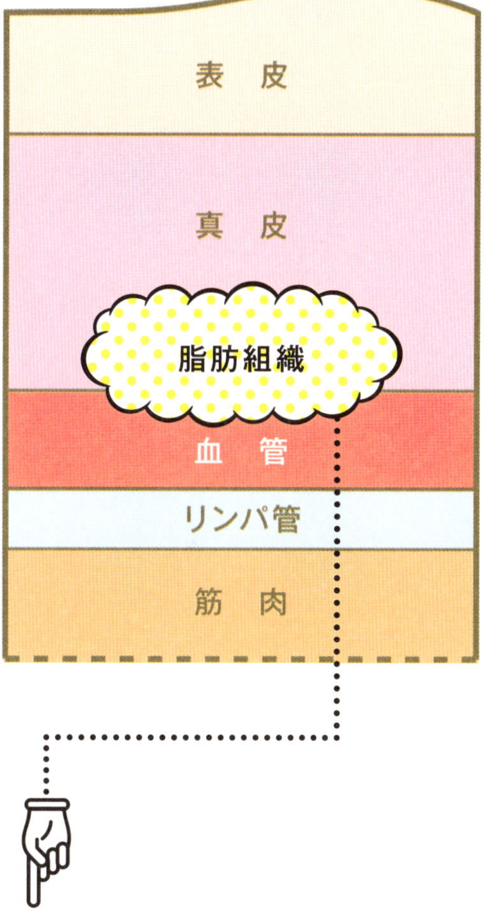

余分な脂肪と老廃物を流して、
スッキリ小顔に！

「舌《タン》トレ」のポイントと覚えておきたいツボ

効果を求めるあまり、1日に何度も「舌《タン》トレ」を行なうと、肌への負担が大きくなります。**朝昼晩の1日3回、時間を空けて行ないましょう。**爪が長い人は指の第二関節を使って、肌を傷つけないように注意しましょう。

そしてトレーニングの前には、6つのツボ押しがおすすめです。これらのツボは筋肉と筋肉の隙間にあり、脂肪や血管、リンパにダイレクトにアプローチできます。血流を整え、老廃物をすっきり流してからトレーニングを行なえば、効果もさらにアップ！　即効性もあるので、外出時や時間がないときのプチケアとしてもおすすめです。

「舌《タン》トレ」のポイント

1日3回（朝昼晩）まで

慣れないうちは鏡を見ること

お水を飲むこと

皮膚は引っ張らない

リラックスして行なうこと

始める前に6点のツボをプッシュ!

1セット　**ゆっくり力をかけて５秒間　ゆるめて５秒間**

❶ 攢竹【さんちく】

眉頭の内側にあるくぼみ部分。下から入れ込み押し上げるようにプッシュしましょう。

❷ 四白【しはく】

黒目下のくぼみから、少し下にある部分。むくみ解消に効果あり！

❸ 巨髎【こりょう】

小鼻の両外脇と目頭の真下をつなぐ部分。目の周りの血流の促進や、クマやむくみに効果があります。

❹ 顴髎【かんりょう】

小鼻の両外脇と黒目の下を結んだ位置。頬骨を押し込むようにプッシュ。頬脂肪体に働きかけることができます。

❺ 頬車【きょうしゃ】

エラから1㎝内側にあるくぼみ。奥歯を噛み締めると筋肉が盛り上がる部分。フェイスラインに効き目あり！

❻ 天容【てんよう】

耳の下とエラの後ろを結ぶ位置。首側にグッと押し込むようにプッシュ。顔の血流促進に効果があります。

Exercise Lesson 1

舌を動かして舌骨筋にアプローチ！

舌の上げ下げトレーニング

舌を上下して、舌骨筋を鍛えるトレーニング。舌を奥から伸ばすイメージで挑戦！

step 1

あごを突き出し上に向けて舌を出す

天井を見るイメージで、あごをグッと上に突き出します。首の前面が伸びているのを意識し、舌を鼻につけるように伸ばします。

step1&2を
5回

step2

あごを突き出したまま舌を下げる

舌をあごにつけるイメージで、下に向かって思いきり伸ばします。
この上げ下げを交互に5回繰り返しましょう。

Exercise Lesson 2

口角を上げたままやるのがコツ！

ニコニコ顔トレーニング

笑顔をキープしたまま、舌を上あごにつけて下あごを上げ下げ。顔全体の筋肉をフル活用します！

step 1

「ら」の口を作り舌を上あごにつける

「ら」の口を作り、ニコッと笑って口角を上げます。その状態をキープしたまま、舌を上あごにしっかりつけましょう。

step1&2を

5回

step2

そのままの状態で下あごだけを動かす

口角が下がらないよう意識し、舌を上あごにつけたまま下あごだけを上げ下げ。上あごは動かさず、下あごだけを動かすのがポイント！

Exercise Lesson 3

舌を左右に動かし舌骨筋に働きかける！

「ほ」の字の口トレーニング

表情筋をグッと伸ばしたまま、舌骨筋を鍛えるトレーニング。舌だけを動かすことを意識して！

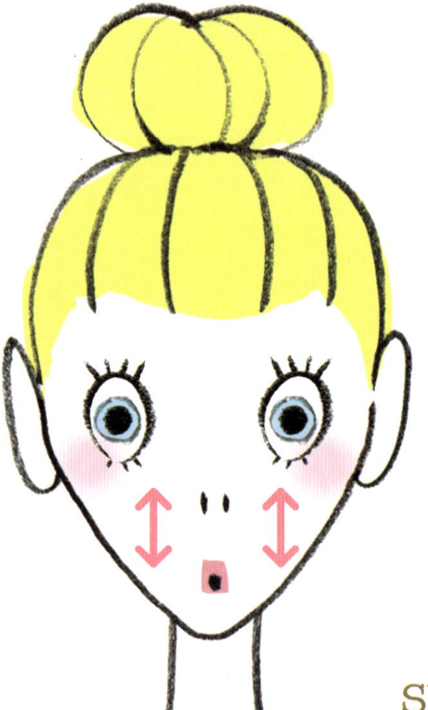

step 1

顔を伸ばして「ほ」の字の口を作る

目を大きく見開き、「ほ」の字の口を作ります。唇を内側に丸め込んで、上下の前歯を隠しましょう。

step1&2を

5回

「ほ」の字の口のまま舌で両頬をタッチ

その状態をキープしたまま、舌で内側の頬を思いきり押しましょう。
左右5回繰り返し行ないます。

Exercise Lesson 4

頬骨の下を押して脂肪をつぶす！

脂肪プッシュマッサージ

頬にある脂肪をつぶし、やわらかくするマッサージ。グリグリと刺激を与えるようにプッシュ!

頬骨の下のくぼみに手首を入れ込む

手首を頬骨の下にあるくぼみに入れ込み、グッと押し込むように上に向かってプッシュ。

step1&2を
5回

円を描くようにくぼみを押し回す

頬骨の下をプッシュしたままグリグリと外側に回し、耳前のくぼみに流します。手のひらの高さはキープしたまま5回繰り返しましょう。

Exercise Lesson 5

老廃物を流してむくみをすっきり！

エラすっきりマッサージ

顔にたまった老廃物を、耳前と鎖骨のリンパに流すマッサージ。むくみを解消して小顔に！

step 1

下あごの骨に沿って手首を当てる

手を軽く握り、小指が目尻の位置にくるように輪郭を包む。

step 2

頬肉をすべて ぐいっと持ち上げる

目が細くなるぐらい手首を持ち上げ、あごの皮膚がのびているのを確認し、耳前のくぼみに向かって押し回しましょう。

step 3

鎖骨に向かって 老廃物を流す

手をグーの形にして、エラの後ろから首筋を通り、ななめ下にある鎖骨をプッシュ。老廃物を流すイメージで5回繰り返しましょう。

step1~3を
5回

COLUMN 2

“ながら”小顔美容24

絵：関 有美子

いつもと同じ24時間に何かをしながらできる美容法を少しプラスするだけで、さらに小顔美人に近づくことができます。特別に時間を取らないし簡単なので、やった方が絶対に得！　忙しい毎日にうれしい“ながら”小顔美容、積極的に生活に取り入れていきましょう。

朝

メイク

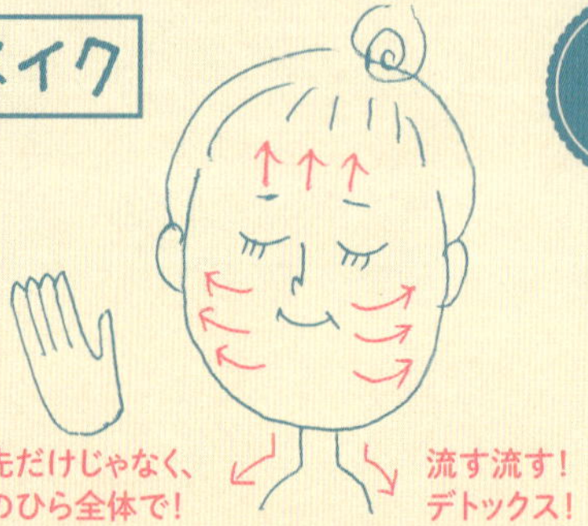
指先だけじゃなく、
手のひら全体で！
流す流す！
デトックス！

化粧水・乳液・下地など、塗る作業はすべて顔面マッサージが伴っていると思ってください。内から外へ、そして耳下へすべて流し最後に首へもしっかり流しましょう。手のひら全体で圧をかけて行なうこと。

洗顔

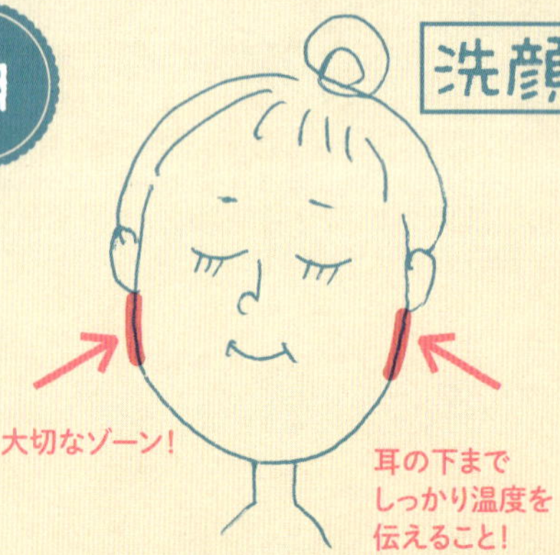
大切なゾーン！
耳の下まで
しっかり温度を
伝えること！

湯→冷水→湯→冷水で洗顔しましょう。蒸しタオルより手軽。朝は血行・リンパ促進が大切なんです。

移動（歩き）

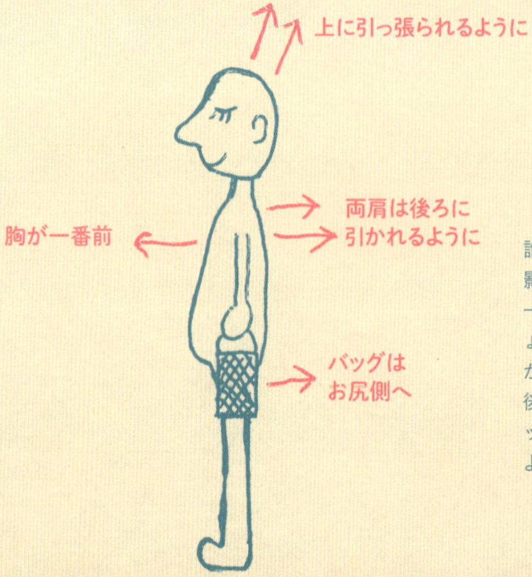
上に引っ張られるように
両肩は後ろに
引かれるように
胸が一番前
バッグは
お尻側へ

誰でも猫背になりがちです。姿勢は顔に影響し、大きな顔になってしまう原因の一つなので、意識して姿勢を調整しましょう。頭はマリオネットのように頭頂部が少し上に引かれるよう、肩は両肩から後ろに引かれるようなイメージです。バッグも中心より前ではなくお尻側に持つよう意識しましょう。

昼

ランチ

数えてみる!
左右の咬筋を
使うこと

左右交互に20回ずつ噛むようにしましょう。これによって咬筋が非対称に発達するのを防ぎます。意識して噛むことで満腹中枢を刺激するので食べすぎも防ぐことができます。

仕事中

ペンの後ろで耳の周りを一周刺激。耳の前や下には小顔のツボもあります。仕事中、さりげなく押してみましょう。顔の疲れにも効果的です！

夜

入浴

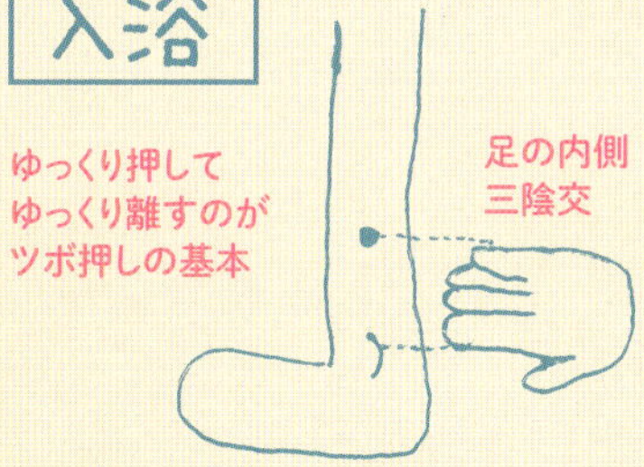
ゆっくり押して
ゆっくり離すのが
ツボ押しの基本
足の内側
三陰交

三陰交《さんいんこう》のツボ。女性のホルモントラブルに効果的。全身の血の巡りを良くしてくれると聞いて、私も妊娠中からずっと押しています。冷え性の人は、全身がポカポカしてくるのを実感できるでしょう。血流を良くして老廃物をデトックスしましょう。

ディナー

お酒を飲みすぎると翌日はむくんで顔が大きくなってしまいます。原因は水分をため込んだまま、寝てしまうからです。トイレにはこまめに行く、水分をとりすぎない、つまみはカリウムを多く含む海そうや果物を多めにとる……などで予防しましょう。

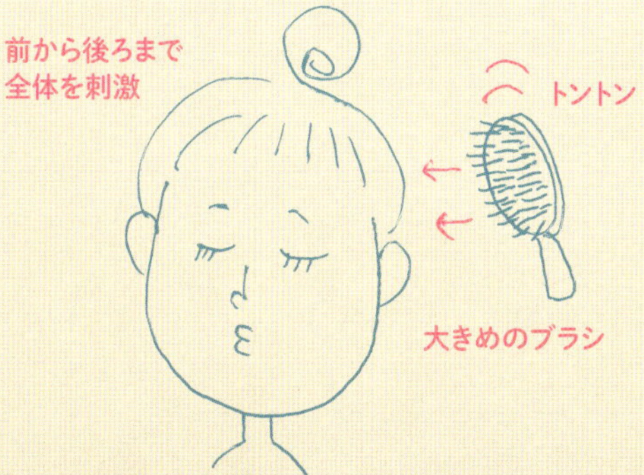
前から後ろまで
全体を刺激
トントン
大きめのブラシ

リラックス

天然毛ではないシリコン製ヘッドの大きめのブラシを用意。前髪の生え際ギリギリから後頭部まで、全体をトントンと頭の皮膚を刺激していきます。血行がよくなり美肌になるだけでなく、頭の筋肉のコリもほぐれやすくなります。テレビを観ているときなどに、おすすめです。

悩み別！ 1

脱ブルドッグ顔！ ほうれい線＆たるみを引き上げる！

頬脂《きようし》肪体《ぼうたい》に脂肪が多くついてしまった状態が頬メタボ。
放っておくと頬にある〝脂肪袋〟が下がり、たるみやしわ、
ほうれい線が目立ちやすくなります。
脂肪をつぶすマッサージと頬筋のトレーニングで、
頬メタボを解消しましょう。

LESSON 3

〝頬メタボ〟解消法

″脂肪袋″に要注意！

「頬メタボ」の正体

頬には、被膜に包まれた脂肪の粒の塊「頬脂肪体」というものが存在しています。簡単に言うと、とうもろこしのような粒状の脂肪がいっぱい詰まった″脂肪袋″のことです。脂肪袋は人間なら誰にでもあるもので、頬筋《きょうきん》（ほっぺたを吸ったときに内側にキュッとなる筋肉）と咬筋《こうきん》（噛む筋肉）の隙間にサンドイッチされて存在しています。咬筋の前縁よりやや前方に伸び、頬筋の上にのっています。**この脂肪袋は脂肪が蓄えられやすいのが特徴で、脂肪が多くついて膨らんでしまった状態のことを、私は「頬メタボ」と呼んでいます。**

一般的に人間の脂肪細胞の数は成人になるまでに決まってしまい、その後増えることはあっても減ることはないと言われています。ただ、数は変わらなくても肥大化したり小さくなったりします。よって、脂肪袋もそのままだと数が減らないのはもちろん小さくもなりません。そして周りの筋肉が弛緩してしまえば、重力に勝てずに脂肪細胞が詰まった脂肪袋が下がってしまい、たるみやしわ、ほうれい線につながります。

頬メタボ解消のためには、脂肪袋をこれ以上大きくしないことと、脂肪袋が下がらないように、インナーマッスルである頬筋を鍛える必要があります！

脂肪袋を
解剖学的に
見ると

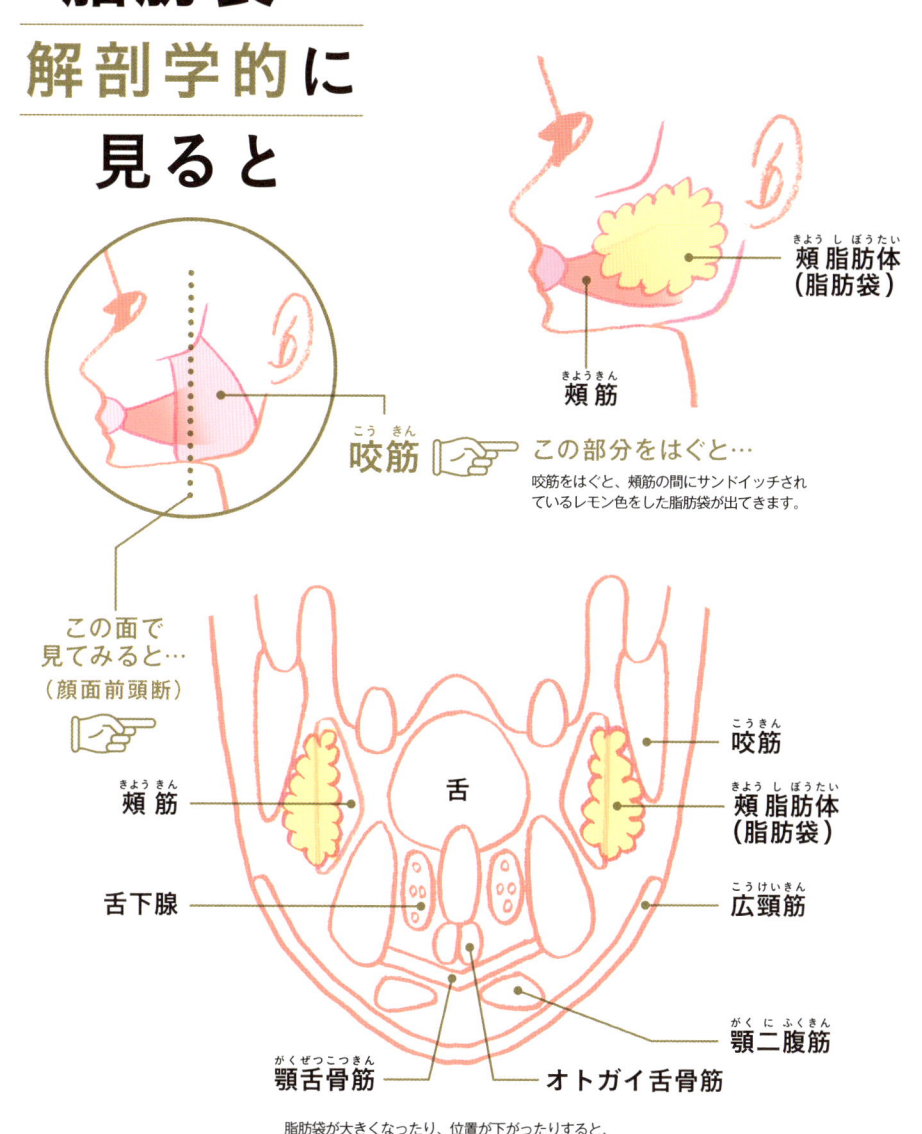

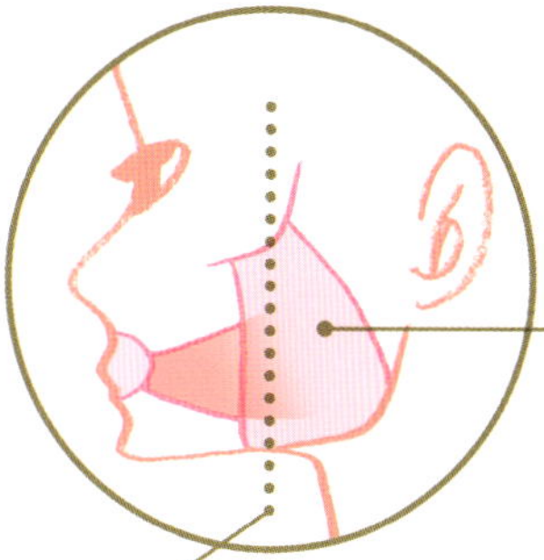

この部分をはぐと…

咬筋をはぐと、頬筋の間にサンドイッチされているレモン色をした脂肪袋が出てきます。

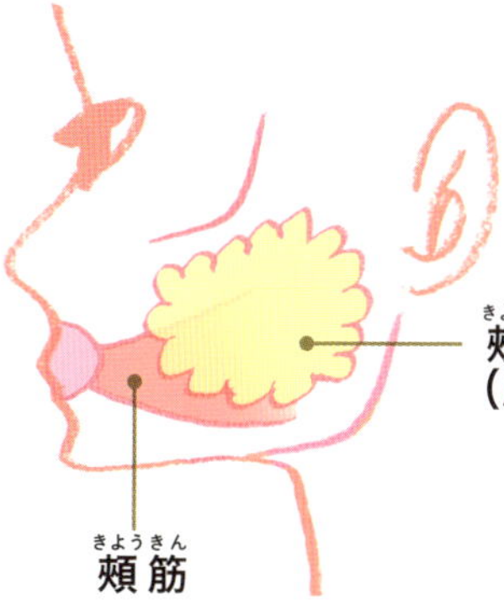

この面で
見てみると…
(顔面前頭断)

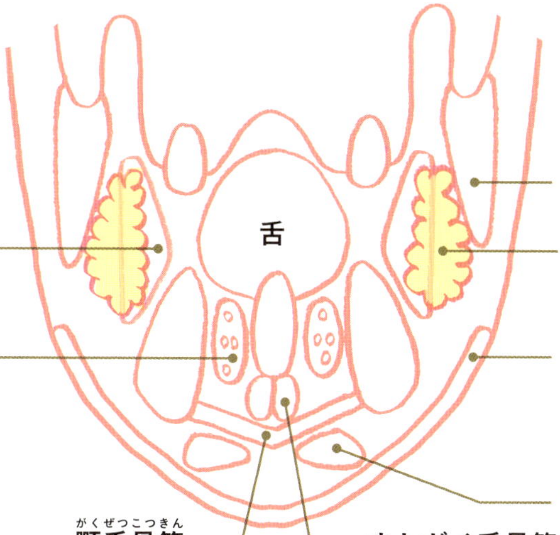

脂肪袋が大きくなったり、位置が下がったりすると、ほうれい線やたるみにつながります。

ほうれい線とたるみの原因と対策

前ページで紹介したように、脂肪袋（頬脂肪体）は、咬筋と頬筋によって支えられています。サンドイッチでたとえるなら、パンは筋肉、具は脂肪袋です。パンがふかふかな状態なら、具はピタッと挟まっていますが、パンが乾燥してゆるんでしまうと、中の具も落ちてきてしまいますよね。

このように、周りの筋肉が弱まったり弛緩すると、脂肪袋自体の位置も下がりやすくなってしまいます。**年齢と共にほうれい線やたるみが目立ってくるのは、その脂肪袋が膨らんで「頬メタボ」の状態になってしまうこと、さらに重力に負けた筋肉が脂肪袋を支えきれなくなって、頬も一緒に下がってしまうことが原因です。**

これを解消するためには、頬のインナーマッスルである、頬筋を鍛えるエクササイズが効果的。

「舌《タン》トレ」で筋肉を鍛えて脂肪の肥大化をおさえ、脂肪袋の位置が下がるのを防ぎましょう。また、LESSON2での手を使ったマッサージをセットで行ない、刺激を与えて脂肪をつぶして流し、たるみやほうれい線をどんどんなくしましょう！

Exercise Lesson 1

「え」と「こ」の口を意識！

「えこ」エクササイズ

頬の内側にある「頬筋」は、赤ちゃんのときに使っていた筋肉。使わないと衰えるため、意識的に動かして！

step 1

頬筋を横にグッと伸ばす

口を「え」の形にして、筋肉を横に伸ばします。頬の内側にせり出してくる筋肉「頬筋」を意識しましょう。

step1&2を
10回

step2

頬筋を縦に思いっきり伸ばす

次に口を「こ」の形にして、筋肉を縦に伸ばしましょう。これを交互に10回繰り返します。

Exercise Lesson 2

ほっぺを膨らませてプッシュ！

風船エクササイズ

頬を膨らませたまま手のひらでプッシュ。内側からの抵抗を感じながら押すのがポイント！

ほっぺたを思いっきり膨らませる

口の中に空気を入れて、ぷーっと大きく頬を膨らませましょう。鼻の下の方にも空気をしっかり入れるのがポイントです。

step1&2を
10回

step 2

手のひらで押して頬をゆるめる

手のひらで頬をプッシュ。抵抗を感じながら、頬をゆっくりゆるめます。膨らませる→ゆるめるを10回繰り返しましょう。

Exercise Lesson 3

円を描くように舌を回して！

舌回転トレーニング

歯茎を舌で触りながら、口の中を一周するエクササイズ。唾液の分泌を促すので、若返り効果も！

step 1

前から３番目の歯の根元を舌で押す

八重歯から奥歯に向かって、歯茎を舌で押すようになぞる。八重歯の上はいろいろな筋肉の付着点なので、一度に刺激できます。

step1&2を
3回

step2

歯茎をなぞりながら半周する

そのまま舌で押しながら、下の歯茎を通って、糸切り歯（前から3番目）まで到着。3回繰り返したら、逆側も同様に3回行ないましょう。

Exercise Lesson 4

内側に頬筋をキュッと集めて！

ひよこの口エクササイズ

ひよこの口にしたまま口をピヨピヨと開閉。頬の粘膜を歯で傷つけないように注意して！

step 1

頬を吸い込みひよこの口に

口をすぼめて、両頬をキュッと吸い寄せるイメージでひよこの口を作ります。

step1&2を
5回

唇を上下に開閉する

ひよこの口をキープしたまま、唇を上下にピヨピヨと開閉。頬筋を集めて離すことで、血流が促進され、顔がポカポカしてきます！

COLUMN 3

困った朝に!! 即効！小顔㊙ワザ

絵：関 有美子

初めてのデート、プレゼンの勝負の日、本命の合コン……。そんな大切な日に限って、なぜか大きくなってしまう顔！　そんなあなたのかけこみ寺、即小顔になりたい人へ秘密のテクニックを教えます。特にツボ押しは移動時間にできるので、忙しい朝にも最適！

㊙ワザ・その①

顔面のツボ押し

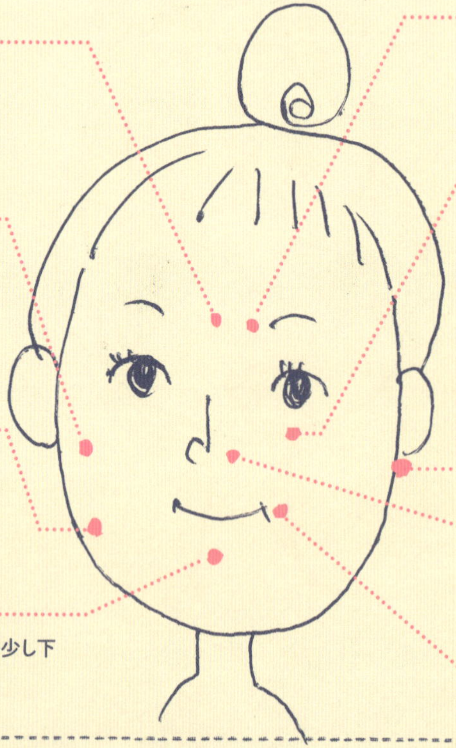

印堂《いんどう》
眉間の中央

攅竹《さんちく》
眉間の内側の
大きくへこんだ所
（反対側も）

下関《げかん》
口を大きく開けた時
へこむ所（反対側も）

四白《しはく》
黒目の下のへこみ
より少し下
（反対側も）

頬車《きようしや》
エラから約1㎝の
内側（反対側も）

天容《てんよう》
耳下のへこみ
（反対側も）

迎香《げいこう》
小鼻の外脇のくぼみ
（反対側も）

承漿《しようしよう》
下唇の下のへこみの少し下

地倉《ちそう》
口角の外側（反対側も）

Point

①ゆっくり押してゆっくり離す。
②必ずピンポイントなわけではない（ゾーンでとらえる、気持ちのいい所を押す）。
③体があたたまっている方が効果的。
④水分を前後にしっかりとること。

㊙ワザ・その②

温冷コップ責め

キンキンに冷えた水を入れたコップと熱々のお湯を入れたコップを用意する。

耳の下からエラに沿ってコップを当てる。耳下を通っている頸動脈を温冷で流すイメージで、30秒ごとに左右のコップを入れかえて温冷交互にする。顔がポカポカしてきます！

㊙ワザ・その③

カモフラージュ盛り

寒くても鎖骨は出す&アップヘア（タイトヘア）

ネックレスは華奢なものをつけてデコルテを出しましょう。イヤリングはゆれるタイプをつけると、さらに◎。

眉毛を太くする

目と眉の間を狭くするイメージで、いつもより少し目頭側を太く描きます。むくんだ感じが減ります。

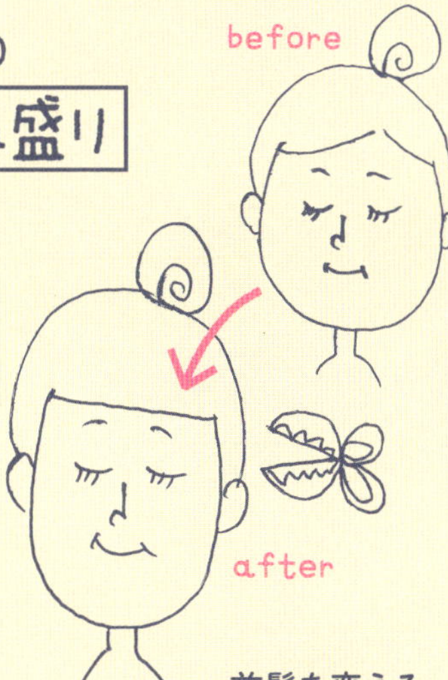

前髪を変える

自分で切るのに抵抗がない人は5㎜程切ってしまうのもおすすめ。分け目を反対にしたり、おでこを思いきってすべて出すのも良いと思います。

悩み別！ 2

脱ウサギあご！
二重あごを引き締めて
シャープな輪郭に

タプタプの二重あごは、舌骨筋の低下と
筋肉の間についた脂肪が原因です。
マッサージで血流を促し、
舌骨筋を刺激するトレーニングで、
あごメタボをすっきり解消。
シャープなフェイスラインを取り戻しましょう！

LESSON 4

〝あごメタボ〟解消法

放っておくと危険な二重あご！

「あごメタボ」の正体

左の図の通り、のど仏の辺りには、人間の身体の中で唯一筋肉で支えられている「舌骨」という骨があります。舌骨はのど仏の少し奥に存在し、たくさんの筋肉によって支えられていますが、あごから首へのラインに最も影響を与えるのは舌骨上筋群といわれている舌骨と下あごをつなぐ主に四つの筋肉です。その中でも薄くハンモックのようになっている筋肉を「顎舌骨筋《がくぜっこつきん》」と呼びます。しゃべったり水を飲んだりしたときに奥の方で動く筋肉です。この顎舌骨筋の働きが弱くなると、血流が滞り、老廃物がたまりやすくなり、脂肪へと変わります。あごには頬と違って脂肪袋がないため、筋肉の間に薄く脂肪がついてしまうのです。

このように、**あごやフェイスラインに余分な脂肪がついてしまった状態が、二重あご＝「あごメタボ」の正体です。舌骨筋を使わず二重あごの状態を放っておくと、舌骨の下側にも脂肪がつき、三重あごまでも引き起こすこともあります。**舌骨周りにさらに脂肪がついてしまい、あごから首へのラインがつながり、顔全体が大きく見えてしまうのです。

あごメタボ解消のためには、のどの奥の方の舌骨を動かしながら舌骨筋を鍛えるトレーニングが最も効果的です！

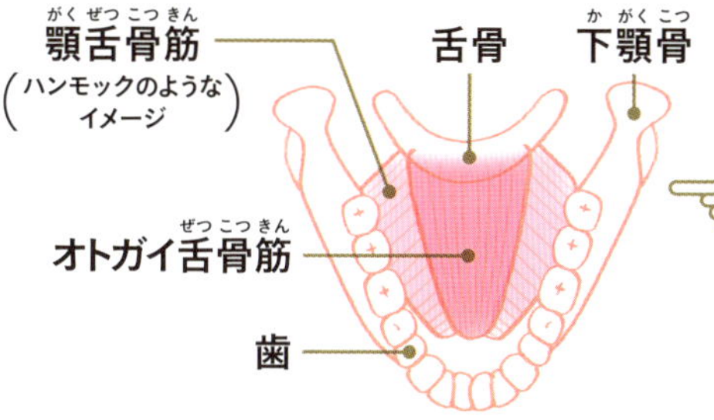

舌骨上筋群を解剖学的に見ると

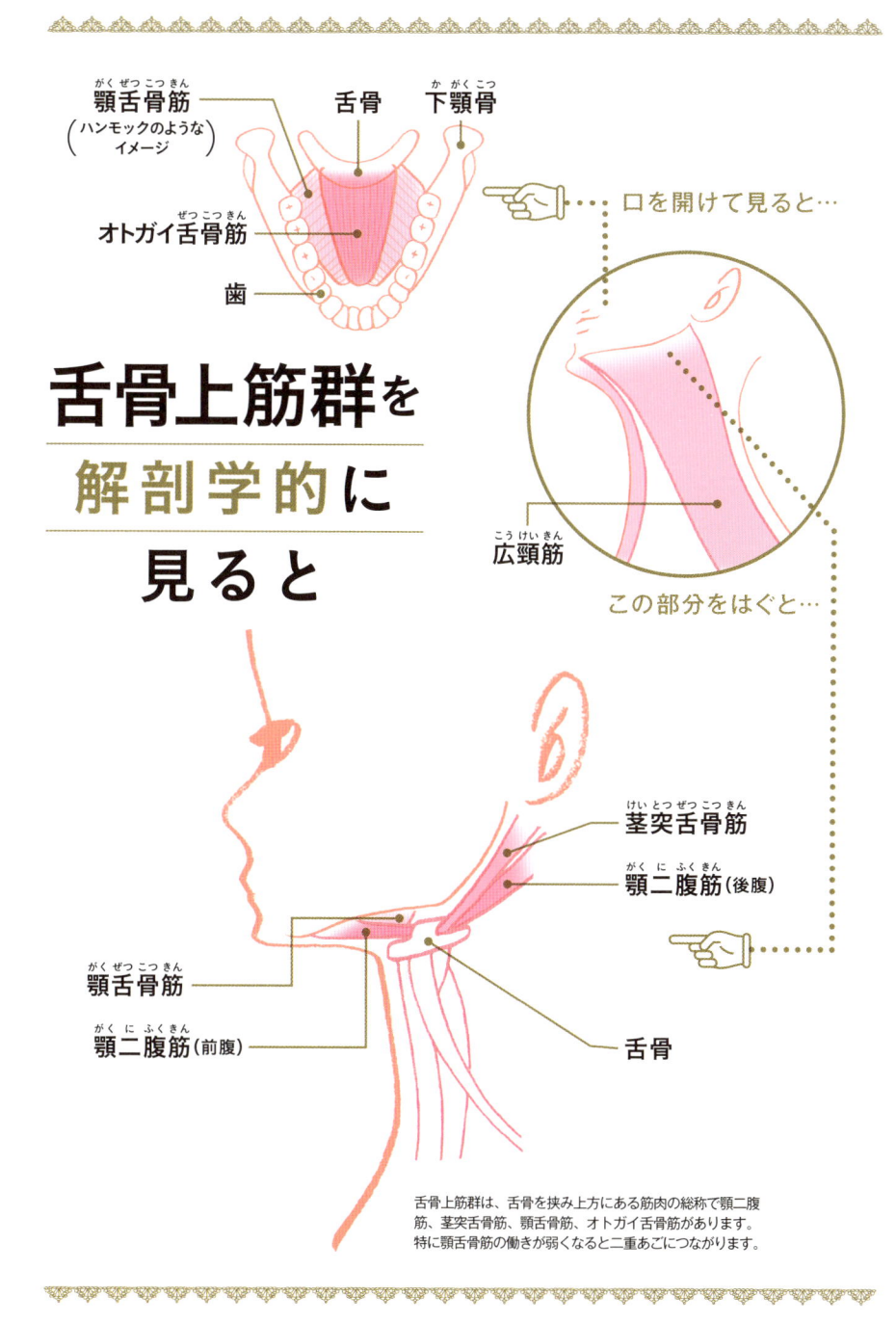

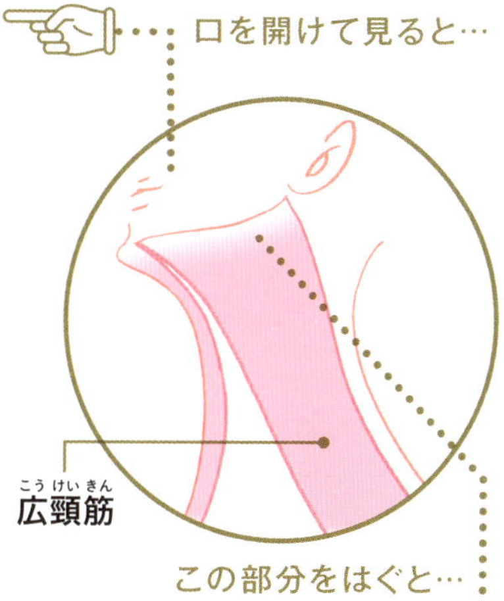

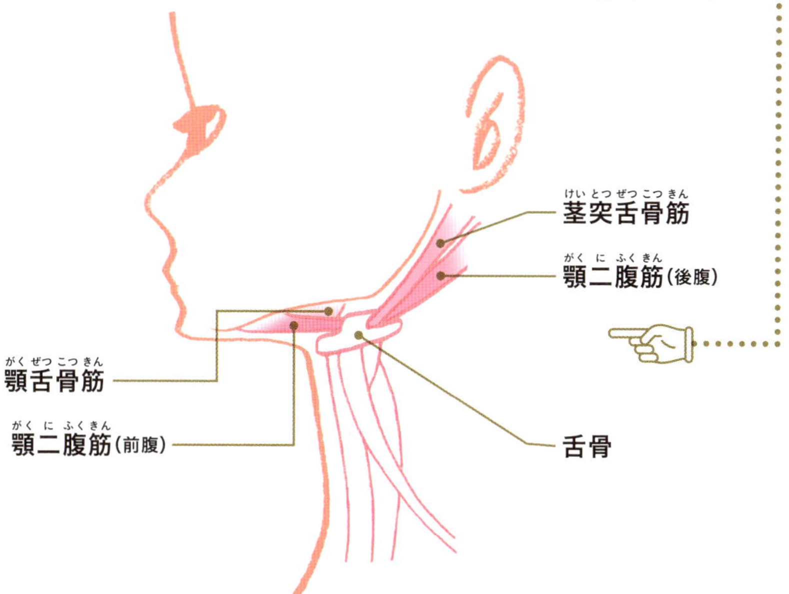

舌骨上筋群は、舌骨を挟み上方にある筋肉の総称で顎二腹筋、茎突舌骨筋、顎舌骨筋、オトガイ舌骨筋があります。特に顎舌骨筋の働きが弱くなると二重あごにつながります。

二重あごの原因と対策

何度もお話ししていますが、のどの奥にある舌骨を支えているのは舌骨筋といういくつもの筋肉で、その中でハンモックのようになって舌骨を支えている筋肉を「顎舌骨筋《がくぜっこつきん》」と呼びます。

舌骨筋は、高い声を出すときや食べものを飲み込むときに使われる筋肉ですが、その中でも特に顎舌骨筋の働きが弱くなると、二重あごにつながります。ハンモックがピンと張った状態だと、ものを乗せても弾き返しますが、ゆるんだ状態だとずるずると下がってしまいますよね、これと同じなのです。**舌骨筋の働きが弱まってゆるんでしまうと、血行不良を引き起こし、老廃物が排出されず脂肪になってしまい、それが筋肉の間につきやすくなります。結果、たるみを引き起こし、二重あごの原因となるのです。**

今までは二重あごの対策として、表面のマッサージや表情筋＝広頸筋《こうけいきん》のトレーニングが謳《うた》われがちでしたが、**二重あご解消のためには特にインナーマッスル＝舌骨筋の強化が必要です。**滞ってしまった血流をマッサージで促し、老廃物をすっきり流しましょう。次ページからの「舌《タン》トレ」で舌を動かし、弱っていた舌骨筋を強化させ二重あごを作らないようにしましょう！

Exercise Lesson 1

たまった老廃物をリンパに流す！

老廃物スライドマッサージ

親指であご下を刺激し、血流を促進。たまった老廃物を流して、あごのタプタプをすっきり!

親指で下あごの裏をプッシュ

親指をあごの下に置いて、下あごの裏をグッと押しましょう。爪が長い人は肌を傷つけないよう、指の関節を使ってトライ！

step1&2を
5回

step 2

エラに向かってスライドさせる

そのままエラに向かって指を滑らせます。下あごの内側にあるオトガイ下リンパ節も同時に刺激し血流を促進。

Exercise Lesson 2

リズミカルに舌先を動かして！

舌のタッピングトレーニング

舌をねじって左右に動かすエクササイズ。普段しない動きなので、舌骨筋強化に！

step 1

舌の先端で舌の下の根元部分を触る

口を軽く開け、舌の先端でつけ根部分を触るように舌をねじります。

step1&2を

10回

舌の根元を左右交互に舌先でタッピングすると、"若返りホルモン"とも呼ばれる「パロチン」が出てきます。

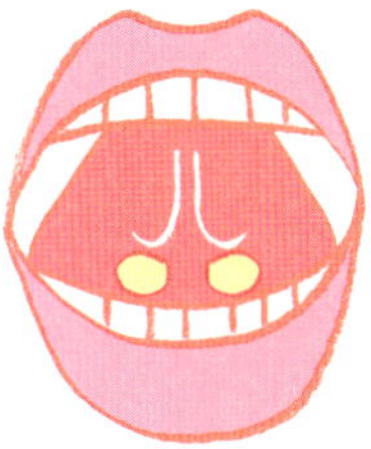

step 2

左右に舌の先を動かす

舌をねじったまま、左右交互に10回タッピング。唾液の出口を刺激するためパロチンの分泌にも効果あり。美肌効果も期待できます！

Exercise Lesson 3

舌を伸ばして舌骨筋を鍛える！

舌のプッシュ＆プルトレーニング

舌を押し出す＆引っこめるエクササイズで、舌骨筋を強化。あごの位置は常にキープ！

舌を前に向かって突き出す

顔は正面を向いたまま、舌を前に思いっきり突き出します。口角が下がらないように注意。自分の目で舌先を確認できるとベスト！

step1&2を

5回

舌先をのどの奥まで引っこめる

次に舌先をのどの奥まで引っこめます。舌だけをスライドさせるように動かして、下あごの位置は変えないように注意。

Exercise Lesson 4

舌を左右に大きく動かして！

舌のチクタクトレーニング

舌を上に向かって突き出し、口の端から端にスライド。口角を上げたまますること！

step 1

舌を左上に向かって突き上げる

顔は正面を向き、舌を左上にグッと突き上げる。口角の位置をキープしたまま、上唇を触りながら右上に舌を動かす。

step1&2を
5回

上唇を触りながら舌を左右に移動

同じように右上から左上に向かって舌を動かす。チクタクと左右5往復させましょう。歯で舌を傷つけないように注意して！

COLUMN 4

お顔のお悩み別&大顔解消コスメ+アイテム

絵：関 有美子

「舌《タン》トレ」を続けながら、さらに＋αとしてコスメアイテムを使うことで、小顔だけでなく美肌にも近づくことができます。美容オタクでもある私が、片っぱしからいろいろ試してみて良かった逸品をお悩み別に紹介します。

クマ・くすみ

イプサ ピュアコントロール ベイス EX ブルー

もう何本リピートしたか分かりません！　すっぴんでもこれだけ塗っておけば、透明感200%増です。美肌だね、と言っていただけるのは、このコントロールカラーのおかげといっても過言ではありません。くすみ肌の人だけでなく全員にすすめたい逸品です！SPF20 PA++¥2800／イプサ

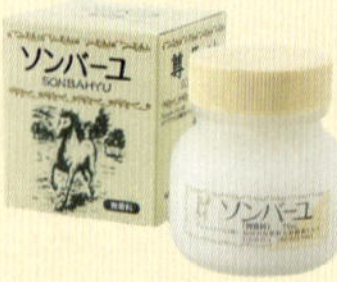

ソンバーユ 無香料

血行促進の効果があるようで、スキンケアで使うと、顔色が変わります。ほんの少しの量で顔全体に塗れるのでコスパもGOOD。マッサージオイルとしても使えるので愛用しています。赤ちゃんにも安心して塗れるので親子で使えるという点も◎。(75㎖)¥2000／薬師堂

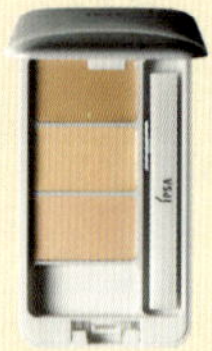

イプサ クリエイティブ コンシーラー

ずっと愛用しています。ピンク色が強く出るコンシーラーは少なく、結局これに戻ります。目の下などよく動く部分はテクスチャーのゆるいコンシーラーがよれにくいので好きです。これはやわらかいので、目の下のクマに使うのが一番いいと思います。SPF25 PA+++¥3500／イプサ

ニキビ・肌荒れ

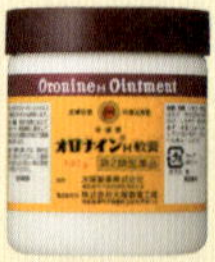

オロナイン H軟膏

特に化膿してしまったニキビや吹き出物に使います。夜寝るときに使うのですが、すぐに取れてしまうので、私はオロナインを塗った上に1㎝×1㎝に切ったガーゼをのせて寝ています。そうすると治りが早い気がします。(100g)¥940／大塚製薬

ジョンソン®ベビー ベビーパウダー

カバーしたいけど、コンシーラーの上にお粉やファンデーションを塗りたくないなぁっていう日は、このベビーパウダー。薄くパフでのせたら崩れないし、カバー力も素晴らしい！(プラスチック容器)オープン価格／ジョンソン・エンド・ジョンソン

ロゼット 洗顔パスタ 荒性肌

中学生の頃から愛用。硫黄がたっぷり入っているので少し独特な匂いがしますが、ニキビや吹き出物が悪化しにくいので、ゆらぎ肌のときはこれを使います。水切れがいいし、しっかり脂を落としてくれるので、洗顔後のニキビも清潔に保ちます。¥650／ロゼット

国菊 発芽玄米甘酒

「飲む点滴」とも言われるほど美容に良い甘酒。ノンアルコールなので、お酒に弱い人にもおすすめできますし、朝飲んでも問題ありません。甘酒に含まれるビタミンB群やコウジ酸で身体の中から肌へのアプローチができる逸品です。(720㎖)¥600／篠崎

フェイスライン・たるみ

**マキアージュ
フェースクリエーター（3D）**

自然な小顔にするならこれは欠かせません。鼻スジも通るし、肌ツヤもよくなるし、このパレットを持つだけで小顔度がアップします。いろいろなシェーディングを使ってきましたが、この5色が一番使える優秀パレットだと思います。¥4100（編集部調べ）／資生堂

**キャンディドール
シェーディングパウダー**

もちが良いので家に一つあると安心します。色が濃すぎないので、自分で思うとおりに濃淡をつけやすくシェーディング初心者にもおすすめ。大きめのブラシを使ってエラからおでこにかけてふわっと入れると小顔度がぐんと上がります。¥1400／T-Garden

**ザ・バーム
メアリールーマナイザー**

個人的には、ツヤ肌度200%アップのアイテムです。部分使いにしないと危険なほどツヤツヤになります。Tゾーンと頬骨とあごの3点にのせておくだけで、かなりの引き上げ効果があり、今までとはまったく印象が変わってくるはずです。¥2400／ザ・バーム

シミ・そばかす

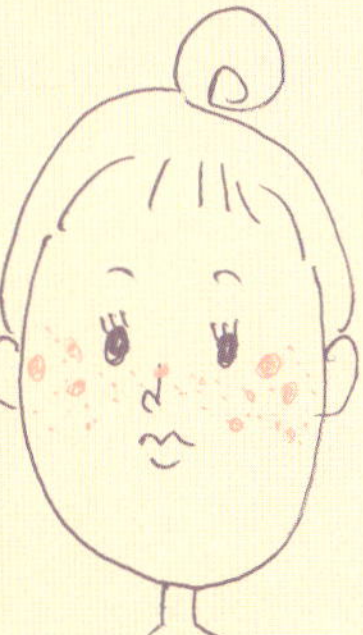

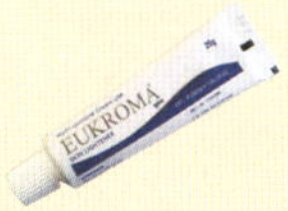

**アイオペ
エアクッション
XP**

パウダーとリキッドの良い点が詰まっています。こすらずポンポンと塗るだけで自然に見えるのにいろんなものを隠してくれる優れもの。カバー力が第一優先という人におすすめ。SPF50+ PA+++（15g×2個）¥5200／アモーレパシフィックジャパン

**ダーマカラー
カモフラージュ
パーフェクトコンシーラー**

カバー力が素晴らしく固いテクスチャーなので、昔はホクロまでもこれで隠していたこともあります。個人的には、クマなど大きい範囲ではなく、特に1cmくらいまでの隠したいところにポイント塗りをすることをおすすめします。¥2300／コスメ・デ・ボーテ

**エチュードハウス
ニンフオーラボリューマー
#3トランスペアレント**

パール感が強いので、光で自然と肌を明るく見せる効果があります。気になるゾーンにちょこんとのせておくと、ツヤ感を与えてシミなどを目立たなくしてくれるので、気に入って使っています。¥1619／アモーレパシフィックジャパン エチュード事業部

ハイドロキシノン

「シミに効くらしい！」ということで、塗っています。すぐにシミがなくなるというわけではありませんが、地道にケアできるマメな人には毎日のスキンケアで根本からシミにアプローチできるのでおすすめ。実は私、ハイドロ歴10年なんです。／私物

毛穴

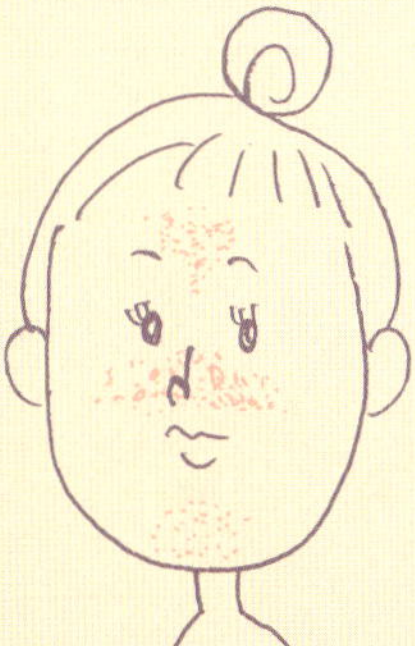

**エテュセ
ピーリングミルクN**

洗顔などで洗いすぎるのが苦手で、鼻はザラつきやすい……。そんな人におすすめです。顔全体に塗るとピリピリしてしまうという人は部分使いで。私は週に一度を目安に使っていますが、ケミカルピーリングより好きで気に入っています。¥1300／エテュセ

**トニーモリー
エッグポア
シルキースムースバーム**

頬の毛穴と鼻にのみ使っています。毛穴専用カバーを使うときはファンデーションを塗る直前が一番効果的。顔の毛穴や傷跡などの凸凹を自然にカバーして、シルクのようなすべすべ肌に仕上げてくれるバームタイプのプライマー。¥1300／エムズ TONYMOLY事業部

**イプサ
プレミアライン クレンジング
ウオームジェル**

少し高価なクレンジングなので、大切な日の前に使っています。温感ジェルが肌を温めて毛穴を開いてくれるので、小鼻をくるくるすると、ブラックスポットがなくなってすっきり！ 洗顔前に肌がなめらかになるのを実感できるクレンジングです。¥4500／イプサ

3
悩み別!

脱トカゲ顔!
見せつけたくなるデコルテに!

首メタボは、小顔と一見無関係のようですがそれは間違い。
首が太くなると、その比率で顔も大きく見えてしまうのです。
鎖骨周りのリンパの流れを正して、老廃物を排出すれば、
首はもちろんのこと、顔もみちがえるほどすっきり!

LESSON 5

〝首メタボ〟解消法

デコルテケアと密接な関係がある

「首メタボ」の正体

左の舌骨下《ぜっこつか》筋《きん》群の図を見ると分かるように、顔の表面から、鎖骨の下に薄く広くついている筋肉があります。この筋肉を「広頸筋《こうけいきん》」と呼びます。広頸筋の内側には、耳の下から鎖骨の先端に向かってついている「胸鎖乳突《きょうさにゅうとつ》筋《きん》」という太い筋肉があり、この筋肉の裏や表には、「頸静脈《けいじょうみゃく》」や「頸動脈《けいどうみゃく》」という太い血管や、太いリンパ管が存在しています。

これらの血管やリンパ管は、顔に向かう大ポンプのような働きをしています。**胸鎖乳突筋の働きが弱まるとポンプの動きも弱まり、老廃物がたまりやすく脂肪がつきやすくなります。これが「首メタボ」の正体です。**

首が太くなると短く見えるので、顔も大きく見えてしまいます。また、ポンプであるリンパ管が詰まると首だけでなく、頬やあご、顔全体にも影響します。首メタボ解消のためには、胸鎖乳突筋の強化と共に、ポンプの流れをよくするためのマッサージが必要となります。

鎖骨の深い部分には、鎖骨下静脈《さこつかじょうみゃく》という太い静脈があり、胸鎖乳突筋に沿ってリンパ節も存在しています。この静脈とリンパの流れを整えてあげることで、老廃物がスムーズに流れ、首はもちろん顔全体もすっきりしてきます。鎖骨＝デコルテをケアすることが、首メタボ解消の近道となります！

舌骨下筋群を解剖学的に見ると

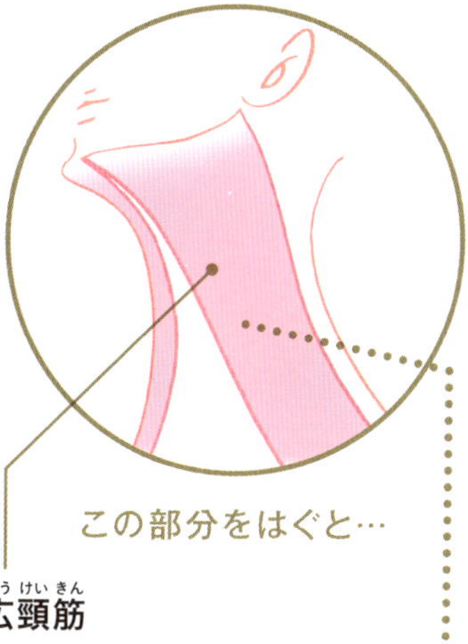

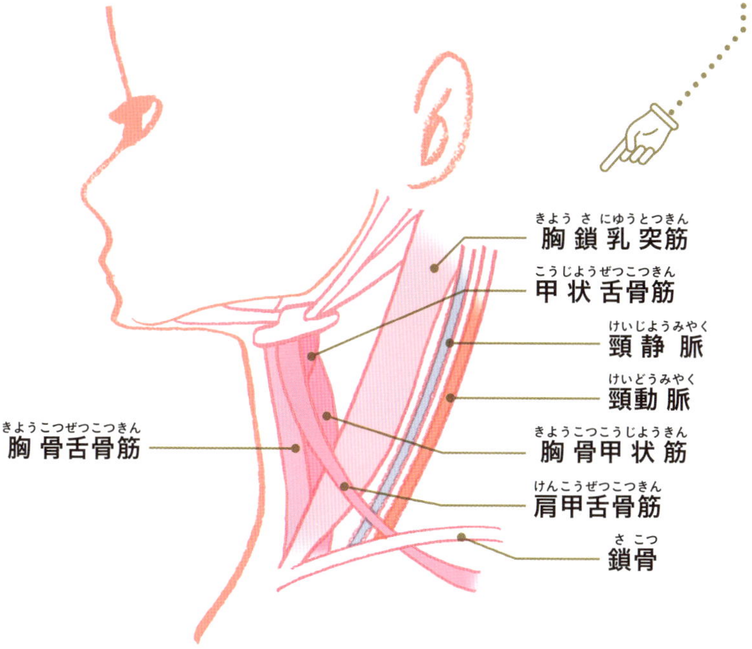

舌骨下筋群には、胸骨舌骨筋、甲状舌骨筋、胸骨甲状筋、肩甲舌骨筋の４つがあります。
胸鎖乳突筋を動かすことによって舌骨下筋群も同時に動かすことができます。

Exercise Lesson 1

胸鎖乳突筋を意識して！

後ろ反らしストレッチ

肩甲骨を反らして猫背を解消。胸鎖乳突筋と広頸筋、どちらも働かせましょう！

手を後ろで組み肩甲骨を近づける

左右の肩甲骨をくっつけるように、手を後ろで組みましょう。背中のお肉がギュッと縮まっていることを意識して。

step1&2を
5回

step2

あごを上に向かって突き上げる

そのままあごをグッと持ち上げ、5秒間キープ。ゆっくり手の位置を戻して、一休みしたら5回繰り返し行ないましょう。

Exercise Lesson 2

首筋が伸びているのを実感して！

あごの突き上げストレッチ

片側ずつ胸鎖乳突筋を働かせるストレッチ。鎖骨のラインは平行ラインをキープしましょう。

正面を向いたままで顔だけ左に向ける

鎖骨のラインが平行になるように姿勢を正す。身体は前を向いたまま、肩の位置を変えずに、思いっきり左に顔を向ける。

step 1&2を

5回

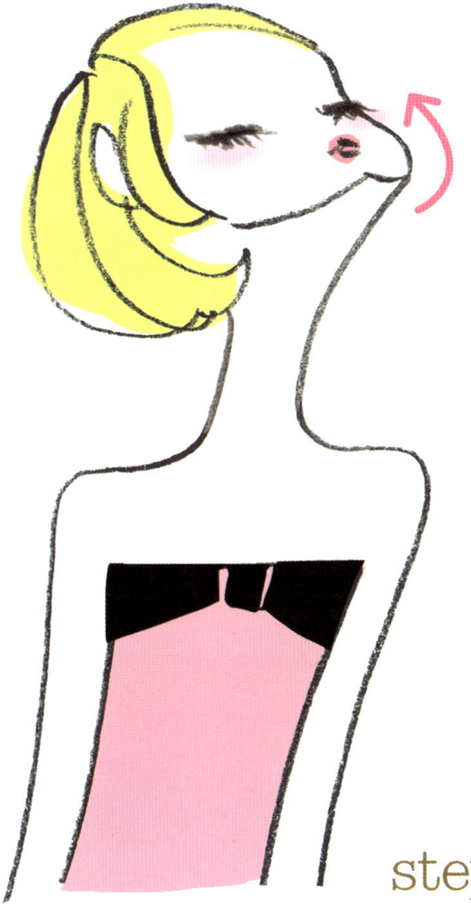

step2

左ななめ上にあごをグッと持ち上げる

そのままあごを左ななめ上に向かって持ち上げ5秒キープ。左の首筋が伸びているのを意識して。逆サイドも同様に5回繰り返す。

Exercise Lesson 3

首の後ろを意識的に縮めて！

血流促進ストレッチ

普段使わない首後ろの筋肉を使うことで、血流を促進しコリを解消。首全周のメタボが防げます。

肩を持ち上げて耳に近づける

姿勢を真っすぐ整えたら、両肩を耳に向かって思いっきり持ち上げます。

step1&2を
5回

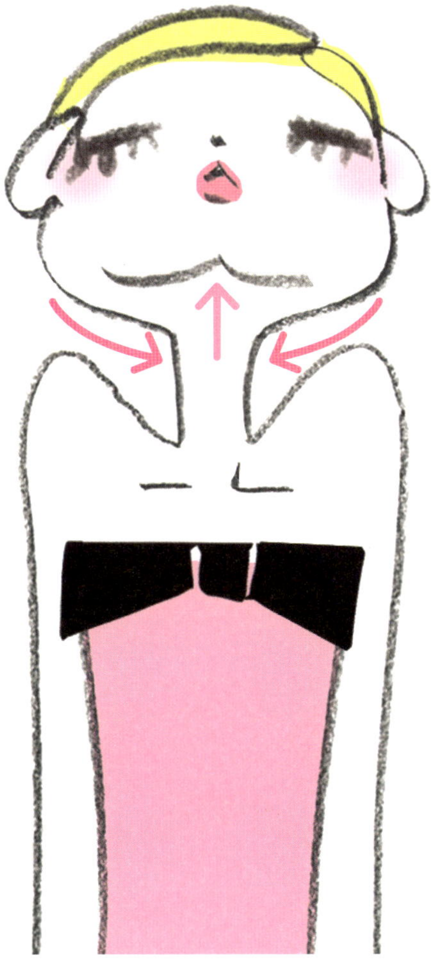

step
2

あごを持ち上げ首の後ろを縮める

肩を持ち上げたまま、あごを天井に向かって持ち上げます。首の後ろがギュッと縮まるのを意識して。5秒間キープしましょう。

Exercise Lesson 4

リンパの流れをキレイに！

鎖骨プッシュマッサージ

鎖骨には全身の老廃物を流すリンパがあります。指で刺激を与え、流れをスムーズに整えて！

step 1

鎖骨のすぐ下を指で押す

指を折り曲げ、人差し指の第二関節を鎖骨の下のくぼみに置きます。

step1&2を
5回

step
2

内から外に向かって指をスライド

中央から肩前のくぼみに向かって1、2、3、4、5とカウントしながらプッシュ。5は強めに押すのがポイント。5回繰り返して！

COLUMN 5

私の「顔」歴史

今は歯科医師＆タレントとして活動させていただいていますが、思春期は勉強一筋で恋愛やオシャレと縁がない地味な女の子。「顔が丸い」というコンプレックスを抱えていたので、特に読モになってからは小顔になろうと必死でした。

0歳

毛深い……。パイナップルヘアの赤ちゃんでした(笑)。2808gで千葉県に生まれ、一人っ子＆初孫だったので、周囲の人に愛されながらすくすくと育ちます。丸顔というより四角顔。ほっぺたがはち切れんばかりで、かなり重たそうです。

幼稚園～小学生

兵庫県の田舎に住んでいたので大自然の中で育ち、夏は真っ黒に日焼けしていて友達も多く活発。あまり女の子らしい部分がなく、男の子にはまったく興味がありませんでした。成長期だからか、少し顔は小さく細くなりました。

中学生～高校生

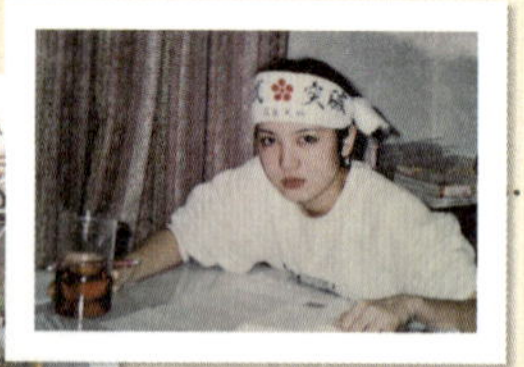

地味でオタクでイケてない中高生時代。友達は少なく、ガリ勉で定期テスト命！　私服の高校なのに私服がダサイという致命的な欠点も。携帯電話を持っていなかったというのも時代に乗り遅れた原因の一つかと。顔は破裂しそうなほどパンパン！

大学生

上京！　オシャレになりたいと思うも、いまだに方向性が定まらず。ただ、人生初の彼氏ができて体重が減り、若干ですが丸顔度が下がったと同時に少しモテるようになりました。やっと人並みになった気がして少し人生に希望が見え始めた頃です。

青文字系読者モデル時代

バッサリショートヘアに！　原宿や表参道に通って青文字系オシャレを研究した結果、SNAP撮影などで声をかけてもらえるようになり読者モデルに。人に見られる機会が増えたことから、ダイエットも頑張り、今までで一番顔も身体も痩せていた時期。

赤文字系読者モデル時代

彼氏が代わり、着る服が一変。可愛いと言われたい一心で、彼が「女子アナが好き」と言ったのを鵜呑みにして古着をすべて捨てました。髪も伸ばして巻き髪にした結果、赤文字雑誌に呼ばれるように。女性らしくなるために少し太り、顔も少しふっくら。

2009年～社会人＆結婚

女子アナが好きだと言った彼（今の主人）と結婚。歯科医師免許を取り、働き始めました。コンサバ化はどんどん進み、一番派手な格好をしていた時期。ノーズシャドウを濃く入れたメイクでカラコンもヘーゼルにして、とにかく盛っていました。

2013年出産

第一子出産。妊娠中からどんどん太っていきました。産後も母乳にしたため、食欲が止まらずますます太り……。むくみやすくなったうえに、外出も減ってしまったので人と会う機会も少なくなって顔に緊張感がなくなり、どんどん丸顔に戻っていきました。

現在

このままじゃ復帰できない！　ということで浦島太郎状態から抜け出すべく、ダイエットをし、洋服も買い直しました。メイクも研究し直し、新たなスタート。息子も成長して仕事の時間がとれるようになってきたので、テレビや講演などの仕事から復帰。

そしてこれから……

将来は開業して女性を美しくできるようなトータルビューティサロンを開けたらいいな……と思っています。そのためには、小顔をキープ！

おわりに

みなさん、「舌《タン》トレ」はマスターしていただけましたか？　今まで鏡で見ていた自分の顔は、小顔へのスタート地点。これから「舌《タン》トレ」を続けていくことで、どんどん顔の印象は変わっていくと思います。自分の力で顔の印象を変えることはとっても楽しく新鮮で、毎日の刺激になることでしょう。もし万が一、変化が感じられなくなったら、スタート時の写真を見てください。写真が一番変化を実感しやすく、きっと輝く変化を見つけられるはずです！

正直、本書を作るにあたって、本当に私のメソッドを伝えることができるのか、言いたいことが伝わるのかとても不安でした。でも、作業が進むにつれ、私が想像していた以上に分かりやすく可愛い本になっていきました。いわゆる一般的な実用書ではなく、見た目も可愛い、持っているだけで女子力アップ、そして中身もちゃんと詰まっている、そんな本にしたい！　これが私の一番の希望でした。その願いが叶って、本当にうれしく思います。

この本を手にして最後まで読んでくださったみなさんが、小顔を手に入れて自分の顔を好きになり素敵な恋をして、毎日を楽しく過ごしてくれたらいいなと願います。みんなが小顔になってキラキラして、さらに可愛くなるように願いを込めて！

女子よ、美に貪欲であれ!!

二〇一四年春　関　有美子

STAFF

Illustrator　原 知恵子（chienoix）
Photographer　三好宣弘（STUDIO60）
Hair&Make　山口正宏（HAIR DIMENSION 2）
Designer　小林昌子
Writer　末永陽子
Manager　阪口公一（ケイダッシュ）
Executive producer　谷口元一（ケイダッシュ）

SHOP LIST

・アモーレパシフィックジャパン 0120-570-057
・アモーレパシフィックジャパン エチュード事業部 0120-964-968
・イプサ お客様窓口 0120-523-543
・エテュセ 0120-074-316
・エムズ TONYMOLY事業部☎03-5211-3347
・大塚製薬 信頼性保証本部お客様相談窓口☎03-3293-3212
・コスメ・デ・ボーテ☎03-5449-8100
・ザ・バーム　http://www.thebalm.jp/
・資生堂 お客様相談室 0120-30-4710
・篠崎 0120-531-699
・ジョンソン・エンド・ジョンソン コンシューマー カンパニー
お客様相談室 0120-101-110
・T-Garden 0120-0202-16
・ロゼット お客様センター☎0120-00-4618
・薬師堂 0120-182-114

※本書に掲載している情報は2014年4月時点のものです。商品の価格などは変更になる場合があります。
※価格はすべて税抜きです。
※本書の「舌《タン》トレ」は、体調に不安のある方、または持病がある方などは、専門医師とご相談のうえ指示に従ってください。「舌《タン》トレ」の効果に関しましては個人差がありますことをあらかじめご了承ください。また、舌を噛んだり傷つけたりしないようにご注意ください。本書によるいかなる事故も小社では一切責任を負いません。

乙女のモテ小顔レッスン

2014年4月10日　第1刷発行

著　者　関 有美子
発行者　見城 徹

発行所　株式会社 幻冬舎
〒151-0051　東京都渋谷区千駄ヶ谷4-9-7
電話　03(5411)6211(編集)
03(5411)6222(営業)
振替　00120-8-767643

印刷・製本所　株式会社 光邦

検印廃止

Printed in Japan
ISBN978-4-344-02566-0　C0095

幻冬舎ホームページアドレス　http://www.gentosha.co.jp/
この本に関するご意見・ご感想をメールでお寄せいただく場合は、comment@gentosha.co.jpまで。